DAS KLEINE BUCH DER HEITERKEIT

Jean Gastaldi

Das kleine Buch der Heiterkeit

WILHELM HEYNE VERLAG
MÜNCHEN

Die Originalausgabe erschien 1999 unter dem Titel
LE PETIT LIVRE DE LA SÉRÉNITÉ
bei Éditions du Rocher

Aus dem Französischen übertragen von Susanne Rick

8. Auflage

Umwelthinweis:
Dieses Buch wurde
auf chlor- und säurefreiem Papier gedruckt.

Umschlaggestaltung: HAUPTMANN UND KAMPA
Werbeagentur, CH Zug
Satz: Leingärtner, Nabburg
Druck und Bindung: RMO, München
Printed in Germany

ISBN 3-453-17994-3

Heiterkeit ist ein Gemütszustand,
der aus Gelassenheit und Glück
besteht. Uns fällt es heute schwer,
heiter zu sein, weil wir dauernd
unter Stress stehen. Doch heiter
sein kann man lernen – jeder
auf seine Weise.
Dieses kleine Buch enthält Gedanken,
die uns daran erinnern,
dass Heiterkeit jeden Tag aufs Neue

entsteht und dass verschiedene
Wege zu diesem erstrebenswerten
Zustand führen.
Es liegt ganz bei Ihnen, durch die
nachfolgenden Gedanken zu einem
erfüllten Leben zu gelangen, von dem
auch Ihre Umgebung profitiert.

Fühlen Sie sich leicht, voller Energie, entspannen Sie sich und werden Sie heiter!

Zünden Sie eine Duftlampe an und legen Sie sanfte Musik auf, um sich zu entspannen. Und atmen Sie tief durch – das erfüllt Sie mit einem wunderbaren Frieden.

Machen Sie einen
Spaziergang an einem klaren,
ruhigen Gewässer und lassen
Sie sich von dessen friedlicher
Energie durchdringen.

Versuchen Sie sich von alten Reflexen zu befreien, die Sie nur behindern und Ihrer Vitalität im Wege stehen.

Hören Sie auf Ihre eigenen Wünsche und Ihre wahren Bedürfnisse, dann leben Sie mit sich selbst im Einklang.

Lernen Sie, Ballast abzuwerfen, der Ihrer Freiheit nur hinderlich ist.

Nehmen Sie sich Zeit für ein Schaumbad, räkeln Sie sich wie eine Katze oder betrachten Sie einfach das Blau des Himmels.

Üben Sie mit den Zeigefingern einen leichten Druck auf Ihre Schläfen aus – das entspannt Ihr ganzes Gesicht.

Stress ist der Hauptfeind der Heiterkeit. Atmen Sie durch, schwimmen Sie, laufen Sie an der frischen Luft – dann werden Sie sich wie neu geboren fühlen.

Nützen Sie den blauen
Himmel oder einen Sonnen-
untergang dazu, Ihren Blick
schweifen zu lassen.
Das verschafft der Heiterkeit
Zutritt zu Ihrer Seele.

Streicheln Sie einen runden, glatten Gegenstand, lassen Sie Ihre Finger über ein seidiges, weiches Material gleiten. Schließen Sie dabei die Augen und nehmen Sie die Welt durch die Haut Ihrer Hände wahr.

Hören Sie auf die wohl
tuende Energie, die uns umgibt,
wenn der Wind die Blätter der
Bäume zum Rascheln bringt.

Lockern Sie Ihre Schultern, wenn es kälter wird, und sagen Sie ja zur stärkenden Winterluft.

Nehmen Sie sich am Ende des Tages vor dem Abendessen einige Minuten Zeit zum Entspannen, indem Sie sich die glücklichsten Augenblicke der letzten Ferien vor Augen führen.

Heiterkeit entsteht auch dadurch, dass man lernt, seine eigenen Tugenden zu erkennen, sich selbst zu akzeptieren und zu lieben.

Heiterkeit heißt, in allen Dingen Harmonie zu finden.

Ist Ihnen schon einmal aufgefallen, dass die heitersten Menschen einem während eines Gesprächs nie ins Wort fallen?

Heiterkeit entsteht,
wenn man alles, was den Anschein
von Disharmonie trägt,
zum Teufel jagt.

Egoistische Liebe führt nie zu Heiterkeit. Man muss die Liebe als ein Geschenk betrachten.

Wenn Sie eine ungetrübte Nachtruhe erleben wollen, dann vermeiden Sie aufregende Substanzen wie Kaffee, Tee und Gewürze. Entdecken Sie stattdessen die Vorzüge von Kräutertees.

Für den Optimisten ist ein halb gefülltes Glas halb voll, für den Pessimisten dagegen ist es halb leer. Das heitere Gemüt löscht damit einfach seinen Durst.

Lernen Sie, Informationen zu überhören, die Sie nur traurig und depressiv stimmen.

Geht es um Heiterkeit,
so nehmen Sie sich ein Beispiel
an Ihrer Katze oder Ihrem Hund,
die sich ganz vertrauensselig
in Ihrer Nähe zusammenrollen.

Heiterkeit besteht darin,
nicht der Zeit hinterher-
zulaufen.

Lernen Sie zu
RE-LA-TI-VIE-REN.

Werden Sie ruhig,
indem Sie aufmerksam
der Stille lauschen.

Ein Spaziergang durch Wald und Gärten bringt Ihnen Ausgeglichenheit und Energie, wenn es Ihnen gelingt, den Reichtum an Formen und Farben in der Natur zu sehen.

Suchen Sie in allen Dingen
die Einfachheit.

Ein nützlicher Rat,
um heiter zu bleiben:
Immer möglichst wahrhaftig
sein!

Wie wohltuend es ist,
nichts zu tun, wenn es um einen
herum brodelt! Das hat nichts
mit Faulheit zu tun.

Verzichten Sie darauf, oberflächlichen Dingen nachzujagen. Je unwichtiger etwas ist, desto vergänglicher ist es auch.

Suchen Sie nicht im Norden nach Zitronenbäumchen. Alles findet sich im Hier und Jetzt.

Heiterkeit findet sich im Lächeln, das man einem anderen schenkt.

Lernen Sie über sich selbst zu lachen! Das ist ein erfreulicher Weg zur Heiterkeit.

Nehmen Sie sich Zeit,
Ihre Gedanken in Worte zu fassen.
Nicht aus Lust, sich selbst gern
reden zu hören, sondern
um sich klar und verständlich
auszudrücken.

Entwickeln Sie die Fähigkeit, innerlich zur Ruhe zu kommen, sich zu entspannen und sich aus Ihrer Umgebung auszuklinken!

Jegliche Form von Angst
steht der Heiterkeit im Wege.

Nehmen Sie magnesium-
haltige Speisen zu sich:
Meeresfrüchte, Schokolade,
Trockenfrüchte …

Wo es steif zugeht, fühlt man sich nicht wohl, heißt es oft. Man könnte auch sagen: Wo betretenes Schweigen herrscht, kann keine Heiterkeit entstehen.

Mit wenig zufrieden sein, sich mit dem begnügen, was man hat: Wer das kann, verfügt über das Wesentliche.

Machen Sie aus
dem Heute einen einzigartigen,
erfüllten Tag.

Die Heiterkeit kehrt durch positives Denken an jedem Ort und unter jeder Bedingung ein.

Lassen Sie das Gummiband los, das Sie physisch zusammenschnürt, und Sie entrinnen der Gefahr, sich völlig zu verspannen.

Das heitere Gemüt bewahrt
in jeder Lage seinen Humor.

Humor ist eine Kunst,
die man erlernen sollte, nicht
um sich über etwas lustig zu
machen, sondern um allen
Schwierigkeiten des Lebens mit
Heiterkeit zu begegnen.

Seien Sie ruhig wie der Vogel,
der mit dem Wind dahingleitet.

Kauen Sie beim Essen gut
und denken Sie an die Energie,
die uns die Speisen geben!

Verzichten Sie darauf,
der Zeit hinterherzulaufen!
Endgültig.

Das einzig Wichtige ist
Lebensqualität.

Versuchen Sie einen Augenblick
der Unendlichkeit zu erleben,
um glücklich zu sein.

Hören Sie auf Ihren Körper –
er ist Ihr wichtigster Verbündeter,
Ihr ganzes Leben lang.

Fühlen Sie sich im Flugzeug wie ein Vogel, losgelöst von der Schwerkraft. Sie werden leicht, ganz leicht …

Versuchen Sie nicht, anderen zu gleichen. Bleiben Sie Sie selbst! Jeder von uns hat seine verborgenen Qualitäten.

Verbannen Sie die täglichen Reize, die unser Leben vergiften. Und verschwenden Sie keine Gedanken mehr daran, denn sie spielen keine Rolle.

Denken Sie jeden Morgen daran, dass das Leben, das Ihnen geschenkt wurde, jeden Tag aufs Neue ein Wunder ist!

Verwechseln Sie Gehen nicht mit Flüchten! Den menschlichen Bedingungen entkommt man nicht.

Wir sind keine Helden:
Wir haben das Recht auf
Schwächen, ohne dass daraus
ein Drama entsteht.

Man muss sich
von Schuld befreien können.

Singen Sie, pfeifen Sie – nicht nur unter der Dusche! Das baut Stress ab und entspannt.

Oft türmt man einen Berg von Problemen vor sich auf. Wenn man ihn überwunden hat, wundert man sich, welche Bedeutung man ihm beigemessen hat. Denken Sie beim nächsten Mal daran!

Madame, denken Sie an eisenhaltige Nahrung! Monsieur, für Sie ist Magnesium wichtig! Die Wirkung dieser Spuren-elemente ist erstaunlich.

Gönnen Sie sich jeden Tag ein Vergnügen, und sei es noch so klein! Das ist eine Belohnung, die man genießen muß.

Wenn ein Problem auftaucht,
kann man daraus einen unüber-
windbaren Berg machen oder
die Schwierigkeit relativieren.
Denken Sie daran,
dass man auch auf einen Berg
hinauf- und langsam wieder
hinabsteigen kann!

Wir können ein Kind mit zweierlei Haltungen betrachten: Wir können es aufgrund seines Alters bedauern oder es dazu beglückwünschen, dass es die ganzen Freuden des Lebens noch vor sich hat.

Kämmen Sie sich lange,
ruhig und sorgfältig die Haare.
Das massiert Ihre Kopfhaut
und sorgt auf einfache Weise
für Wohlbefinden.

Wenn wir das Leben als Zyklen betrachten, passen wir uns automatisch dem Rhythmus unseres eigenen Daseins an.

Man muss die Hand auch
zum Geben ausstrecken können,
nicht nur zum Nehmen.

Widerstehen Sie jeder Form von Druck! Erfreuen Sie lieber Ihr Herz, denn es ist für die Liebe geschaffen.

Gönnen Sie sich vor dem Essen einen Augenblick der Entspannung. Sie werden überrascht sein, wenn Sie spüren, wie sich Ihr Körper dehnt und vor Wohlbehagen entspannt.

Danke sagen können heißt
zu schätzen wissen, was man dem
Leben schuldig ist.

Das Übermaß ist der Feind des Guten und vor allem der Heiterkeit.

Man bereitet sich
zu Unrecht Schwierigkeiten.
EINFACHHEIT muß die
Arbeitsdevise lauten.

Lernen Sie wie der
Schwimmer die Strömungen
zu nutzen und lassen Sie sich
von den Umständen tragen.

Wenn die Anspannung übermächtig wird, dann treiben Sie ein wenig Sport oder machen Sie einen Fußmarsch.

Suchen Sie Ihrem Wohl-
befinden zuliebe lieber nach dem
Licht als nach der Finsternis.

Betrachten Sie Schwierigkeiten nicht als Übel, sondern als wohlverstandene Notwendigkeiten.

Machen Sie aus diesem ruhigen Moment einen Augenblick von Unendlichkeit!

Wer das Leben verehrt,
ist auf dem richtigen Weg
zur Heiterkeit.

Versuchen Sie ohne Ungeduld ans Ziel zu gelangen und akzeptieren Sie die Vorstellung, dass wir das Recht zum Scheitern haben.

Wenn unser Gesicht
der Spiegel unserer Seele ist,
dann spiegeln unsere Augen
die Heiterkeit darin wider.

Heiter ist derjenige,
der seine ganze Umgebung
friedlich stimmt.

Das richtige Wort
im richtigen Augenblick
bringt Ruhe und Heiterkeit.

Ein aufbrausender Kopf stiftet nur Zweifel und Verwirrung. Hüten Sie sich vor aufgewühlten Gedanken und kommen Sie lieber erst einmal zur Ruhe.

Worte können die
Heiterkeit vielleicht beschreiben,
aber praktizieren kann man sie
nur in der Stille.

Wer seine Wut augenblicklich zähmen kann, gewinnt Kraft und Heiterkeit.

Wer den Sternenhimmel
betrachtet, erlangt Bewusstsein
von der wahren Größe
der Wesen und der Dinge.

Das Unbekannte macht uns Angst. Warum machen wir uns nicht auf friedliche Weise mit ihm bekannt?

Wir sollten lernen,
uns allmählich vom Überfluss
zu befreien, um zur Einfachheit
unseres eigenen Wesens
vorzudringen.

Früh aufstehen ist oft von Vorteil, vor allem wenn man das Glück hat, den Sonnenaufgang zu erleben.

Wenn alles gut geht,
dann seien Sie sich Ihres Glücks
bewusst und denken Sie ruhig,
das könnte immer so sein.

Stellen Sie sich
eine Mutter vor, die ihr Kind
stillt, und sagen Sie sich,
dass Sie selbst auch einmal
ein Neugeborenes waren.

Akzeptieren Sie die
Eigenheiten Ihres Nachbarn,
dann können Sie auch Ihre
persönlichen Eigenheiten
akzeptieren.

Wer den Rhythmus seines Herzens kennt, kennt auch den Rhythmus der Heiterkeit.

Plötzlich ist man berührt
von der unsäglichen Freude,
die nicht sichtbar ist,
sondern nur spürbar in unserem
Innersten.

Folgen Sie den Gesetzen der Lebensharmonie, aber nicht sklavisch, sondern auf ganz natürliche Weise.

Heiterkeit bedeutet,
Herr seiner selbst zu werden,
ganz gleich, welchen Schwierig-
keiten man auch begegnet.

Das Betrachten
eines ruhig dahinfließenden
Gewässers stimmt uns gelassen
und heiter.

Wir müssen lernen,
uns vom Überflüssigen zu
befreien, um das Wesentliche
zu erleben.

Fühlen Sie Ihren Puls, lernen Sie so Ihren Herzschlag besser kennen und kommen Sie zur Ruhe, indem Sie sich in nervösen Augenblicken nur auf ihn konzentrieren.

In der Einfachheit finden
wir die Bausteine, aus denen
die Heiterkeit besteht.

Vom Vergnügen zur Heiterkeit
zu gelangen bedeutet,
vom Flüchtigen zum Ewigen
zu kommen.

Vergessen wir nicht,
dass die Friedhöfe voller Menschen
liegen, die sich für unentbehrlich
hielten, darunter auch Menschen,
die heiter waren.

Selbstlose Liebe ist die
Leiter des Glücks zur Heiterkeit.

Man muss mitunter seine
Uhr ablegen und sich weigern
können, dem nachzujagen,
was man für wesentlich hält.

Und wenn man sein Leben ändern würde, wenn es unerträglich wird?
Ja, das ist möglich! Man muss es nur wirklich wollen.

Achten Sie ohne Diätplan auf Ihre Ernährung, treiben Sie Sport ohne Wettkampfcharakter, und schon werden Sie sich viel besser fühlen.

Nehmen Sie ein Blatt Papier und listen Sie auf der einen Seite auf, was Sie für wesentlich halten, und auf der anderen Seite, welche Sorgen und Schwierigkeiten Sie haben. Ziehen Sie eine positive Bilanz daraus.

Suchen Sie in allen Dingen das Positive. Das ist der Weg zur Heiterkeit.

Ein Leben in Heiterkeit
zu führen bedeutet nicht,
anderen etwas vorzuenthalten –
im Gegenteil: Heiterkeit
überträgt sich auf die anderen,
sie haben daran teil.

Lehnen Sie ab heute Hass- und Rachegefühle ab, und Sie werden einen wahren Sieg über sich selbst davontragen.

Die beste Art, sich vor
den Ängsten anderer zu schützen,
besteht darin, diese zu verstehen.

Je heiterer man ist,
desto mehr wahre Freunde
hat man.

Der kürzeste Weg
zur Heiterkeit besteht darin,
keine Zeit mehr mit Unnützem
zu vertun.

Sorgen Sie dafür, dass Sie sich geistig und körperlich wohl fühlen. Je länger Sie dieses Gefühl haben, desto heiterer werden Sie.

Wir alle wissen, was Wohlbefinden ist. Wir müssen uns nur immer wieder daran erinnern.

Heiterkeit ist kein Zustand der Erregung, sondern der Empfindung.

Halten Sie Aktion
und Reaktion streng auseinander.
Denn nur in der Aktion können
Sie die Heiterkeit bewahren.

Es gibt nichts Besseres als ein heißes Bad und das Gefühl der Leichtigkeit, um seine Heiterkeit wiederzuerlangen.

Betrachten Sie ein Hindernis, das unüberwindbar scheint, wie eine Fata Morgana: Ziehen Sie sich in den Schutz einer Oase zurück und sehen Sie es sich von dort aus an.

Wenn wir lernen, Stress
zu erkennen und systematisch
zu bekämpfen, dann gelangen
wir zur Heiterkeit.

Nehmen Sie morgens auf nüchternen Magen eine große Dosis Optimismus, Glück, Lebensfreude und Wohlbefinden zu sich.

Heiterkeit ist die Kunst,
alles Menschenmögliche mit
einem Lächeln zu ertragen
und sich dabei wohl in seiner
Haut zu fühlen.

Leeren Sie jeden Morgen den Becher der Heiterkeit! Dann können Sie dem Schlimmsten begegnen und das Beste daraus machen.

Möge mein Leben
so leicht wie eine Feder sein,
dann wird es heiter.

Ein heiteres Wesen
verbreitet nicht nur Frieden,
es erweckt auch den Wunsch,
ihm ähnlich zu sein.

Wer seine Heiterkeit
bewahren will, der achte auf
die Wahl seiner Freunde
und seiner Umgebung.

In einer Ehe ohne wahre Liebe kann es keine Heiterkeit geben.

Die Minuten zu zählen
ist ein Zeichen von Überdruss
und Langeweile. Die Zeit
zu vergessen, als wäre sie
ein Geschenk von Dauer,
führt zur Heiterkeit.

Ein Leben in Heiterkeit zu führen ist vor allem eine Sache des Willens und Bewusstseins.

Ein Gang durch die Natur
führt uns nach und nach zur
Heiterkeit in uns selbst.

Befreien Sie sich von jedem Schuldgefühl, dann gelangen Sie zur Heiterkeit.

In einer Zweierbeziehung
besteht Heiterkeit darin,
ohne Egoismus an den anderen
zu denken.

Haben Sie schon bemerkt, dass grausame Bilder niemals zu Heiterkeit führen? Achten Sie auf die Wahl Ihres Fernsehprogramms!

Es genügt nicht, morgens mit
dem rechten Fuß aufzustehen.
Man muss tatsächlich willens
sein, dass der heutige Tag
schön wird.

Denken und handeln Sie positiv, und Sie werden sehr schnell heiterer.

Handeln Sie bewusst,
und das nicht in dem Gefühl
zu müssen, sondern zu wollen,
und Sie haben den ersten Schritt
zur Heiterkeit getan.

Loslassen befreit
das Wesen und führt es
zur Heiterkeit.

Heiterkeit ist
eine Form von Weisheit.

Heiterkeit erweckt die Lebensfreude und befähigt uns zur Wahrnehmung des Wesentlichen.

Wir müssen lernen,
unsere innere Spannkraft
auszunützen.

Heiterkeit ist die jubilierende Form von Stille.

Einer der ersten Schritte
zur Heiterkeit besteht darin,
jegliche Form von Angst
zu bezwingen.

Lernen Sie, mit dem glücklich zu sein, was Sie haben! Denn Gier ist ein großer Feind der Heiterkeit.

Heiterkeit bedeutet,
den kontemplativen Frieden
einer Wüste in sich zu tragen.

Lösen Sie sich von allem, was Sie beschwert und nach unten zieht.

Warum plötzlich die Furcht
vor möglichen Problemen?
Waren Sie nicht eben noch
ganz guter Dinge?

Verheißt das Lächeln eines Babys nicht Glückseligkeit?

Wie ich denke, so fühle ich mich. Auch lerne ich, das Positive wahrzunehmen und meine Sichtweise zu ändern.

Es gibt zwei Arten,
sein Leben zu leben: Man kann
es ertragen oder man kann es
sich schön machen und lieben.

Betrachten Sie
einige Minuten lang,
wie der Wind die Wolken
am Himmel vertreibt,
und stellen Sie sich vor,
das wären all Ihre
momentanen Sorgen.

Die Wut versperrt uns
jeden Zugang zur Heiterkeit.
Vermeiden Sie daher alles,
was Sie wütend macht.

Nehmen Sie eine
Handvoll Sand und lassen Sie
sie ganz langsam durch
Ihre Finger gleiten …

Beschließen Sie,
heute heiter zu bleiben,
was immer auch kommen mag.
Sie werden am Abend fest-
stellen, dass das gar nicht
so schwierig war.

Alles ist relativ angesichts von Krankheit und Tod. Wenn wir uns das vor Augen halten, begreifen wir, dass Heiterkeit und Glück nur Geschenke des Augenblicks sind.

Die Welt ändert sich nicht, nur weil Sie Ihren Zug versäumt haben. Hören Sie also auf, dem Zug und der Zeit hinterherzujagen!

Achten Sie auf den Tonfall Ihrer Stimme! Sie können damit eine friedliche und heitere Gesprächsatmosphäre schaffen.

Betrachten Sie von Zeit
zu Zeit das Blau des Himmels
und lassen Sie sich von dessen
lichter Farbe durchdringen.
Sie stimmt uns friedlich und
weckt unsere Lebensfreude.

»Ab heute will ich
nicht mehr schlecht reden und
ununterbrochen herummäkeln.«
Mit dieser Entscheidung machen
Sie sich selbst ein Geschenk.

Möchten Sie wissen,
wie heiter Sie sind? Dann
beobachten Sie Ihr Verhalten,
wenn Sie mit dem Auto
in einem Stau stehen.

Heiterkeit ist eine Form von geistiger Gesundheit.

Heiter ist,
wer seinem Leben ein solides
Fundament geschaffen hat.

Heiterkeit verlangt Kaltblütigkeit und Wohlwollen.

Wer seine Erfahrungen
und seine Schwierigkeiten positiv
betrachten kann, dem ist die
Heiterkeit gewiss.

Heiterkeit ist das natürliche Kind der Weisheit.

Heiterkeit ist
die Widerspiegelung eines
edlen Herzens.

Glück führt zur Heiterkeit.

Heiter sein kann nur,
wer die menschlichen Qualitäten
jedes anderen erkennt.

Heiter sein für
einen Augenblick ...
Darin besteht zwar noch nicht
die Heiterkeit, aber es ist schon
der erste Schritt dazu.

Versuchen Sie nicht,
die Heiterkeit zu erklären.
Demonstrieren Sie sie lieber,
ohne missionarischen Eifer.

Wer dem Schwermütigen
gegenüber heiter ist, zeigt,
dass die Sonne auch
für diejenigen scheint,
die nur die Finsternis sehen.

Ein edles Herz ist auch
eine Facette der Heiterkeit.

Heiterkeit ist der Versuch,
das Glück dauerhaft zu bewahren.

Heiterkeit entsteht
durch Gelassenheit und Weisheit.

Es gibt nichts
Geruhsameres und Friedlicheres
als die Begegnung mit heiteren
Menschen.

Jean Gastaldi, Autor mehrerer Meditationsbücher und einiger weiterer, sehr erfolgreicher kleiner Bücher, lebt in der Normandie.